CHAMBRE DE COMMERCE DE NANCY

—◦✦◦—

MODIFICATIONS

A APPORTER

AUX SECTIONS III ET IV, TITRE VIᵉ, LIVRE Iᵉʳ

DU CODE DE COMMERCE

——◦◦✦◦◦——

Rapport de M. Nathan-Picard, vice-président de la Chambre. — Délibération.

NANCY

IMPRIMERIE NANCÉIENNE, 1, RUE DE LA PÉPINIÈRE

—

1879

261

CHAMBRE DE COMMERCE DE NANCY

MODIFICATIONS

A APPORTER

AUX SECTIONS III ET IV, TITRE VIe, LIVRE Ier

DU CODE DE COMMERCE

Rapport de M. Nathan-Picard, vice-président
de la Chambre. — Délibération.

NANCY

IMPRIMERIE NANCÉIENNE, 1, RUE DE LA PÉPINIÈRE

—

1879

CHAMBRE DE COMMERCE DE NANCY

Séance du Vendredi 13 décembre 1878

M. Charles Nathan-Picard a la parole pour
donner lecture du rapport qu'il a été chargé de
faire, dans la séance du 8 novembre précédent,
sur les modifications et changements à apporter
aux sections III et IV du titre 6^c du livre 1er du
Code de commerce (1) :

MESSIEURS,

Les transports de marchandises se sont modi-
fiés et considérablement accrus depuis l'intro-
duction des chemins de fer ; mais, anomalie
singulière, la législation qui régit cette matière
commerciale, que le nouveau mode de transport
a transformée si profondément, est restée telle
que la loi du 10 septembre 1807 l'a faite.

C'est à cet état de choses, défectueux, qui n'a
pu prévoir les responsabilités nouvelles, qu'il
s'agit de remédier, et en soumettant les transports

(1) Voir à la fin de la brochure le texte des sections III et IV sur
le roulage du titre 6 de la loi du 10 septembre 1807.

à une loi mieux appropriée aux nécessités commerciales actuelles, définir les diverses responsabilités qui incombent aux compagnies et aux expéditeurs, et donner ainsi satisfaction à tous les intérêts légitimes.

Les diverses transactions auxquelles donnent lieu un transport quelconque ont pour base :

1° Le devoir pour l'expéditeur

a) d'indiquer loyalement la nature, le poids et les quantités de la marchandise qu'il expédie.

b) de stipuler le mode d'expédition tant au point de vue du parcours que du prix qui doit en être la rémunération.

c) fournir toutes indications ou documents devant faciliter la livraison au destinataire dans les délais convenus.

2° Le droit pour le transporteur d'exiger l'application des tarifs et des prescriptions légales qui régissent les transports des marchandises suivant leur nature, leur importance et les risques auxquels elles peuvent être soumises.

Mais, par contre, le devoir complet, absolu, de remettre à l'expéditeur et lors de la réception de la marchandise un titre énonçant :

Cette réception et les conditions dans lesquelles l'expédition (sauf certaines exceptions qui pourront être indiquées) devra être faite, c'est-à-dire :

a) le prix du transport.

b) le délai de route.

c) l'indemnité due pour cause de retard.

d) le recours à exercer par le destinataire contre le transporteur, au cas de manque, tare ou avarie constatés à l'arrivée.

Sous l'empire de l'ancien mode de transport, toutes ces conditions étaient librement débattues et formulées entre les expéditeurs et les transporteurs, autrement dit commissionnaires de roulage, soit au moment de la remise des marchandises, soit en vertu de tarifs concédés par le commissionnaire à l'expéditeur.

Les responsabilités étaient nettement définies, et lors même que le parcours à faire nécessitait plusieurs entremises, le destinataire était garanti des pertes ou avaries occasionnées par le transport, et son recours contre les intermédiaires était couvert, en dernière analyse, par la responsabilité effective du premier transporteur.

Toutes ces prescriptions font l'objet des sections III et IV du titre 6 du code de commerce ; mais le roulage qui les avait acceptées et les observait, a disparu presqu'entièrement du pays, et depuis un certain nombre d'années, est remplacé par le transport sur voie ferrée.

Les transactions se sont multipliées dans une

proportion énorme, et personnes et marchandises se déplaçant incessamment pour satisfaire à des besoins sans cesse renaissants, obligèrent les compagnies à entretenir un matériel considérable et un nombreux personnel ; gérer des capitaux immenses ; et, par suite, les amenèrent à acquérir une influence telle, qu'elles pensèrent pouvoir s'affranchir de la plupart des formalités en usage jusque là et consacrées par la loi.

Elles avaient cependant assumé le double rôle de commissionnaire recevant la marchandise et ayant le devoir d'énoncer et stipuler les conditions de son transport, et celui de voiturier, c'est-à-dire convoyant elles-mêmes la marchandise reçue, sur des vagons leur appartenant et conduits par leurs employés, hommes à gages et dont elles sont responsables pour tout ce qui se produisait entre le moment de la réception desdites marchandises et celui de leur livraison au destinataire.

Mais, tout en ayant assumé la double fonction et fortes du monopole qui leur avait été concédé, il arriva forcément ce qui est dans la nature de toutes les individualités puissantes, c'est que, les compagnies éludèrent tout ce qui pouvait leur être à charge, et imposèrent au public des conditions d'expédition souvent arbitraires, car elles ne permettent un contrôle facile de leurs tarifs; ou même illégales, en ce sens qu'elles sont une négation presque complète des prescriptions que la loi leur impose.

C'est ensuite de ces considérations générales, ce que nous allons chercher à vous démontrer.

Tout d'abord et tout en reconnaissant que la loi de 1807 peut, sans inconvénient, continuer à être applicable à l'ancien mode de transport encore en usage sur divers points du territoire où les chemins de fer n'existent pas, et même aux transports sur les canaux qui se font dans des conditions presque identiques à celles du roulage, nous vous demanderons de réclamer qu'une loi spéciale, réglant les transports par les voies ferrées et visant les nouveaux droits et les nouveaux devoirs créés par une situation nouvelle, vienne enfin faire cesser toutes causes d'hostilités entre les intérêts des compagnies et ceux du public, en soumettant les uns et les autres à une règle spéciale qui, s'inspirant des nécessités récentes, les satisfera en s'appuyant sur le droit et l'équité.

Le législateur devra tenir compte, dans l'élaboration de cette nouvelle loi, de la double fonction assumée par le chemin de fer, et, par suite, réunir en une même section les articles contenus dans les sections III et IV avec les modifications ci-après, que nous pensons pouvoir être introduites.

La loi devant s'appliquer uniquement aux transports par voie ferrée, il y aurait lieu :

1º Remplacer le mot commissionnaire par celui de chemin de fer ;

2º Fondre l'article 103 avec celui 98, l'article 97 avec celui 104, qui, dans le principe, s'appliquaient à deux individualités différentes, remplacées ici par une seule, attendu que les chefs de trains (les rouliers actuels) ne sauraient être considérés que comme des hommes à gages dont la compagnie est et demeure entièrement responsable ;

3º Les articles 99 et 100 viendraient ensuite sans modification ;

4º L'art. 101 énonce un fait qui de tout temps a été la base de la transaction à laquelle donnait lieu le transport par le roulage, mais qui jusqu'ici a été éludé presque complétement par les compagnies de chemins de fer, sous le double rapport du prix du transport et du délai de route. Dans chaque ville desservie par une voie ferrée, la compagnie met à la disposition du commerce des déclarations d'expédition qui doivent accompagner chaque colis. Mais pour que ces déclarations qui servent à libeller les bordereaux d'expédition, puissent revêtir la forme du contrat à intervenir, entre l'expéditeur et la compagnie, il faudrait que celui-ci connût d'abord le prix du transport et presque toujours il l'ignore. Les tarifs sont nombreux, fort compliqués, et généralement ils ne sont pas à la portée du public ; et comme, en outre, les expéditions se font presque toujours à la fin de la journée, et que par suite il y a aussi à ce moment un encombrement qui ne permet pas de demander et de recevoir les renseignements nécessaires, il en résulte que le contrat qui doit lier les deux parties est fait par la compagnie seule, qu'il ne peut être contrôlé par l'expéditeur, et qu'ainsi ce contrat est vicié par cela même dans l'une de ses parties les plus essentielles.

Il y en a une autre non moins importante que le prix du transport, c'est celle du délai de route, que le public ne connaît pas davantage et dont, malgré les termes formels, précis de l'art. 102, il n'est fait nulle mention dans les déclarations d'expédition.

Or, si la formule anglaise : *Times is money* est vraie en toutes choses, elle l'est surtout dans les affaires en général et dans les transports en particulier.

Si l'on charge quelqu'un, moyennant salaire, de transporter une marchandise quelconque, il ne suffit pas qu'on soit édifié sur la probité du transporteur, et le prix nécessité par la longueur du trajet et l'importance de la marchandise, il faut encore et cela est absolument indispensable, qu'on soit assuré que cette marchandise parviendra (sauf le cas de force majeure) dans tel délai et non dans tel autre ; car ce délai, excédé de par le bon plaisir du transporteur ou la négligence d'un de ses agents, peut donner lieu à des préjudices importants, et soulever de graves difficultés. Il est donc nécessaire qu'il soit remédié le plus promptement possible à deux lacunes aussi importantes, qui causent chaque jour de nombreux préjudices et donnent lieu à des procès, souvent longs et dispendieux, qu'une sage réglementation saurait prévenir pour l'avenir.

Ces lacunes si importantes en elles-mêmes, ont de plus donné lieu à un abus, qui s'est produit dans ces dernières années, et qui a engendré un préjudice particulier, objet de plaintes tellement nombreuses, que diverses chambres de commerce ont dû élever la voix, pour en réclamer la cessation.

Il s'agit ici, du détournement par les grandes compagnies, et à leur profit, des transports qui eussent pu être faits en partie par les petites compagnies avec une économie notable dans la longueur du trajet et par suite dans le prix du transport.

Ce fait est de notoriété publique, des exemples nombreux en ont été constatés et nous ne pensons pas avoir besoin de les publier de nouveau.

Tout ce qui précède nous amène naturellement à demander que désormais, chaque compagnie soit obligée de tenir, dans chaque ville de son réseau, à la disposition du public, et de façon à ce qu'il puisse être facilement consulté, un tarif

énonçant clairement, le délai de route et le prix
du transport pour toutes les localités du dit réseau,
et d'après lequel, les déclarations d'expédition
pourraient alors être conçues, de telle sorte
qu'elles soient le contrat vrai qu'a prévu l'art. 101 ;
celui-ci aurait alors une signification pour les
transports par chemin de fer, et l'art. 102 leur
serait applicable dans toute sa teneur.

Pour les expéditions en dehors du réseau, les
compagnies devront donner les renseignements
nécessaires, relatifs aux prix et délais de route,
des parties du transport à effectuer par d'autres
compagnies, de telle sorte, que la lettre d'expédition initiale contienne un prix total et un délai
général, qui seront la base du contrat de transport et pourront, s'il y a lieu, être dénoncés par
l'expéditeur au destinataire, qui sera fixé sur la
valeur des obligations qui lui incombént.

5° L'art. 105 réclame aussi une modification,
car il a été conçu en vue de besoins commerciaux
qui n'ont aucun rapport avec ceux actuels. En 1807
et années suivantes, l'industrie encore en enfance
donnait lieu à des transactions relativement peu
nombreuses. Les transports se faisaient généralement par l'entremise de rouliers qui amenaient
les colis dont ils étaient chargés, à la porte même
des destinataires et attendaient patiemment que
leur contenu soit vérifié. Le paiement de la lettre
de voiture ayant lieu seulement ensuite, éteignait

naturellement tout recours contre le voiturier. Mais actuellement, où le nombre des colis s'est accru dans une proportion fabuleuse, que tout ce qui est relatif aux transports se fait par quantités considérables, et réclame la remise la plus rapide des marchandises au destinataire, celui-ci n'a pas toujours le temps de la vérifier, lorsqu'elle lui est livrée au milieu du jour, et bien moins encore, quand, comme cela a lieu souvent, les camionneurs arrivent au moment de la fermeture des magasins, sinon après.

Il est donc nécessaire d'abroger cet article 105, qui cesse d'être applicable aux transports par chemin de fer, et de le remplacer par telle mesure d'ordre qu'on jugera convenable d'adopter, pour mettre les Compagnies à l'abri de fraudes possibles, mais que la loyauté bien connue de notre monde commercial rendrait, croyons-nous, bien rares.

6° L'article 106 pourrait être maintenu, mais en ajoutant après la phrase : « en cas de refus ou » contestation pour la réception des objets trans- » portés, » les mots : « ou pour toute autre cause » qu'il appartiendra. »

Cette adjonction vise surtout les griefs causés par la nature de la marchandise et donne un sens plus général, le cas échéant, au recours à exercer ; la situation du destinataire vis-à-vis de l'expéditeur sera ainsi complétement garantie sans préjudicier en aucune façon aux intérêts légitimes de celui-ci, lesquels restent couverts par l'expertise et ses résultats.

7° L'article 107 disparaîtrait de la nouvelle loi.

8° Quant à l'article 108 et dernier, nous en réclamons le maintien, tant pour le roulage et les transports par eau, que pour les compagnies de chemin de fer, mais avec une adjonction qui en précise bien la portée et la conséquence au point de vue de l'interruption de la prescription suivant circonstances. En effet, il est arrivé que par suite de préjudice réel ou imaginaire, des réclamations ont été adressées à une Compagnie ou à un commissionnaire quelconque. Dans l'espoir d'éviter un procès, une correspondance a été engagée ; mais des lenteurs inévitables se sont produites et les deux parties n'avaient pu arriver à s'entendre quand l'heure fatale de la prescription vient à sonner.

Est-ce à dire que parce qu'on aura cherché à éviter un procès, tout en produisant sa réclamation sous la forme amiable, on sera déchu de tous droits et déclaré inhabile à les faire valoir ? Nous ne le pensons pas, et nous réclamons instamment, avec l'espoir que vous partagerez notre avis, que : « Toute dénonciation par correspon-
» dance d'un préjudice pouvant donner lieu à
» l'exercice d'un recours contre une Compagnie
» ou entrepreneur de transports par roulage ou

» batellerie, » interrompt la prescription visée
par l'article 108.

De même il sera nécessaire que, comme conséquence de la nouvelle faculté donnée aux parties intéressées, il soit stipulé en outre que « les
» délais de prescription vis-à-vis des intermé-
» diaires, Compagnies de chemins de fer ou
» commissionnaires de roulage ou de batellerie,
» ne courront que du jour où l'action leur aura
» été dénoncée et elle ne pourra être invoquée
» que six mois après cette dénonciation. »

Au moyen des diverses modifications ou ad-
jonctions que nous venons d'avoir l'honneur de
vous indiquer, nous pensons, Messieurs, que
tous les intérêts trouveront dans la loi qui les
contiendrait, les garanties qui leur ont fait défaut
jusqu'ici, et comme résumé de ce qui précéde,
nous soumettons à votre approbation les vœux
ci-après :

1° Qu'une loi spéciale aux transports par chemins de fer remplace celle du 10 septembre 1807
relative au roulage et au transport par eau ;

2° Afin de bien préciser qu'elle n'a en vue que
ce mode de transport, les mots : « commissionnaires et voituriers, » seront remplacés partout où
besoin sera par celui de : « Compagnies de chemins de fer. »

3° Que les articles 97 et 98, 103 et 104, qui
jusqu'ici visaient deux individualités distinctes,

soient combinés de telle sorte qu'ils ne s'appliquent plus qu'à une seule, c'est-à-dire à la Compagnie de chemins de fer.

4° Que les articles 99 et 100 soient maintenus sans changement.

5° Que les articles 101 et 102 combinés, soient rendus obligatoires, dans leur teneur actuelle, pour tous les transports par voie ferrée et de plus imposent aux Compagnies le devoir de faciliter, par tous les moyens possibles, l'exécution loyale et complète du contrat à intervenir entre elles et l'expéditeur, autrement dit de la lettre d'expédition.

6° Que les Compagnies seront tenues de transporter les marchandises aux prix et suivant les délais énoncés par les tarifs, en se conformant fidèlement pour la direction et sauf empêchement majeur, aux instructions fournies par l'expéditeur.

7° Que l'article 105 soit remplacé par la faculté laissée au destinataire dans l'impossibilité de procéder à la réception de la marchandise au moment de la livraison, de pouvoir, *dans les 24 heures*, dénoncer au transporteur, s'il y a lieu, tous manques, tares ou avaries.

8° Que l'article 106 soit complété par l'adjonction suivante après la phrase « en cas de refus ou » contestation pour la réception des objets trans- » portés, » ajouter : « ou pour telle autre cause » qu'il appartiendra, » le surplus sans changement.

9° Faire disparaître l'article 107.

10° Enfin l'article 108 et dernier devra stipuler que :

« Tout échange de correspondance entre le
» destinataire et le transporteur relative à un fait
» de transport, s'étant produit dans les 6 mois et à
» l'occasion de la réception d'une marchandise
» quelconque, interrompra la prescription qui ne
» prendra fin que 6 mois après le jour où toutes
» relations à l'occasion du litige auront cessé. »

Il devra stipuler en outre que les délais ne courront vis-à-vis des Compagnies intermédiaires que du jour où l'action leur aura été dénoncée ; et par suite, que la prescription ne pourra être opposée qu'après les 6 mois qui auront suivi cette dénonciation.

11° Que l'article 108, modifié comme ci-dessus, soit applicable désormais aux transports par eau ou par le roulage habituel.

Le Rapporteur,

Vice-Président de la Chambre,

Ch. NATHAN-PICARD.

Nancy, 6 décembre 1878.

Après une courte discussion, les conclusions du rapporteur sout mises aux voix et adoptées. Il est décidé que le rapport de M. Nathan-Picard sera imprimé.

Pour extrait certifié conforme du registre des délibérations,

Le Secrétaire de la Chambre,

L. GRILLON.

SECTION III

Des commissionnaires pour les transports par terre et par eau.

96. Le commissionnaire qui se charge d'un transport par terre ou par eau est tenu d'inscrire sur son livre-journal la déclaration de la nature et de la quantité des marchandises, et, s'il en est requis, de leur valeur.

97. Il est garant de l'arrivée des marchandises et effets dans le délai déterminé par la lettre de voiture, hors les cas de la force majeure légalement constatée.

98. Il est garant des avaries ou pertes de marchandises et effets, s'il n'y a stipulation contraire dans la lettre de voiture, ou force majeure.

99. Il est garant des faits du commissionnaire intermédiaire auquel il adresse les marchandises.

100. La marchandise sortie du magasin du vendeur ou de l'expéditeur voyage, s'il n'y a convention contraire, aux risques et périls de celui à qui elle appartient, sauf son recours contre le commissionnaire et le voiturier chargés du transport.

101. La lettre de voiture forme un contrat entre l'expéditeur et le voiturier, ou entre l'expéditeur, le commissionnaire et le voiturier,

102. La lettre de voiture doit être datée. Elle doit exprimer : la nature et le poids ou la contenance des objets à transporter ; le délai dans lequel le transport doit être effectué. Elle indique : le nom et le domicile du commissionnaire par l'entremise duquel le transport s'opère, s'il y en a un ; le nom de celui à qui la marchandise est adressée ; le nom et le

domicile du voiturier. Elle énonce : le prix de la voiture ; l'indemnité due pour cause de retard. Elle est signée par l'expéditeur ou le commissionnaire. Elle présente en marge les marques et numéros des objets à transporter. La lettre de voiture est copiée par le commissionnaire sur un registre coté et paraphé, sans intervalle et de suite.

SECTION IV

Du Voiturier.

103. Le voiturier est garant de la perte des objets à transporter, hors les cas de la force majeure. Il est garant des avaries autres que celles qui proviennent du vice propre de la chose ou de la force majeure.

104. Si, par l'effet de la force majeure, le transport n'est pas effectué dans le délai convenu, il n'y a pas lieu à indemnité contre le voiturier pour cause de retard.

105. La réception des objets transportés et le paiement du prix de la voiture éteignent toute action contre le voiturier.

106. En cas de refus ou contestation pour la réception des objets transportés, leur état est vérifié et constaté par des experts nommés par le président du tribunal de commerce, ou, à son défaut, par le juge de paix, et par ordonnance au pied d'une requête. Le dépôt ou séquestre, et ensuite le transport dans un dépôt public, peut en être ordonné. La vente peut en être ordonnée en faveur du voiturier, jusqu'à concurrence du prix de la voiture.

107. Les dispositions contenues dans le présent titre sont communes aux maîtres de bateaux, entrepreneurs de diligences et voitures publiques.

108. Toutes actions contre le commissionnaire et le voiturier, à raison de la perte ou de l'avarie des marchandises,
sont prescrites, après six mois pour les expéditions faites
dans l'intérieur de la France, et après un an pour celles faites
à l'étranger ; le tout à compter, pour les cas de perte, du jour
où le transport des marchandises aurait dû être effectué, et
pour les cas d'avarie, du jour où la remise des marchandises
aura été faite ; sans préjudice des cas de fraude ou d'infidélité.

Imprimerie nancéienne, 1, rue de la **Pépinière**. **Direct.** GÉBHART.

www.ingramcontent.com/pod-product-compliance
Lightning Source LLC
Chambersburg PA
CBHW050426210326
41520CB00019B/5813